Todos los libros de Linkgua Ediciones cuentan con modelos de Inteligencia Artificial entrenados por hispanistas. Pregúntale al chat de tu libro lo que desees acerca de la obra o su autor/a.

Para **ebooks**: Accede a nuestro modelo de IA a través de este enlace.

Para **libros impresos**: Escanea el código QR de la portada con tu dispositivo móvil.

Obtén análisis detallados de nuestros libros, resúmenes, respuestas a tus preguntas y accede a nuestras ediciones críticas generativas para una experiencia de lectura más enriquecedora.
La transparencia y el respeto hacia la autoría de las fuentes utilizadas son distintivos básicos de nuestro proyecto. Por ello, las respuestas ofrecen, mediante un sistema de citas, las fuentes con las que han sido elaboradas.

Juan de la Cueva

Ejemplar poético

Barcelona 2024
Linkgua-ediciones.com

Créditos

Título original: Ejemplar poético.

© 2024, Red ediciones S.L.

e-mail: info@linkgua.com

Diseño de cubierta: Michel Mallard.

ISBN rústica ilustrada: 978-84-9953-754-2.
ISBN tapa dura: 978-84-1126-016-9.
ISBN ebook: 978-84-9897-188-0.

Sumario

Brevísima presentación

La vida

Juan de la Cueva de Garoza (Sevilla, 1543-1612). España.

Vivió en Cuenca, en Canarias y en México entre 1574 y 1577; a su regreso a España empezó a escribir dramas. Se inspiró en el Romancero y en la mitología grecolatina y adoptó temas históricos y legendarios.

Escribió además veinticinco sonetos, varias églogas, una elegía, una sextina, tres madrigales y dos odas, que aparecen en el cancionero Flores de varia poesía. El Ejemplar poético, escrito hacia 1606 y dividido en tres epístolas, es un arte poética manierista en tercetos encadenados. Otras obras suyas son Viaje de Sannio, poema de crítica literaria; La Muracinda, una narración épica burlesca de una venganza entre perros y gatos en endecasílabos blancos, el poema mitológico en octavas reales Llanto de Venus en la muerte de Adonis, y la narración mitológica burlesca en octavas reales Los amores de Marte y Venus. Una colección de sus poemas fue publicada como Obras de Juan de la Cueva (Sevilla, 1582) y sus romances aparecen en Coro Febeo de Romances historiales (1587). También le tentó la épica culta, y escribió el poema en veinticuatro cantos La conquista de la Bética (Sevilla, 1603), que describe la conquista de Sevilla por Fernando III el Santo.

Epístola I

Sobre el ingenio y arte disputaron
Palas y el fiero hijo de la Muerte
a quien del cielo por odioso echaron.
La sabia diosa su razón convierte
en decir que el ingenio sin el arte

es ingenio sin arte cuando acierte.
De estas dos causas seguiré la parte
por do el ingenio inspira, el arte adiestra
sin que de su propósito me aparte.
Si admite la deidad sagrada vuestra,

Fébeas cultoras de Helicón divino,
comunicarse a la bajeza nuestra.
Y adiestrándome vos por el camino
de la vulgar rudeza desviado,
a su brutez profana siempre indino,

llegaré al punto en que veréis cantado
lo que el Arte al ingenio perfecciona,
y de quien es, si ha de acertar, guiado.
Sujeto es que repugna y abandona
de la mortal graveza la ignorancia,

y con puros espíritus razona.
Entre ellos hace dulce consonancia,
de quien recibe el numeroso acento
que lo adorna de afectos, y elegancia.
Vos a quien Febo Apolo da su asiento

y las Musas celebran en su canto
y el vuestro escuchan con discurso atento;
en mi temor que dificulta tanto
la extraña empresa, y me promete cierto,
la caída en el vuelo que levanto:

por este perturbado mar incierto
naufragando mi nave va a buscaros,
pues sois mi norte, a que seáis su puerto.
No va cargada —gran Fernando— a daros
ricas piedras de Oriente, ni preciosos

aromas, con que pueda regalaros.
Dones son los que os lleva más gloriosos,
de más estima, y de mayor riqueza
para la eternidad más poderosos.
De esta segura suerte la grandeza

se adquiere con los números, que el vuelo
cortan al tiempo en su mortal presteza.
Estos, son los que igualan con el cielo
los nombres, y así deben adornarse
con esplendor cual su lustroso velo.

De muchas cosas deben apartarse,
y otras muchas seguir precisamente
y por ley unas y otras observarse.
El verso advierta el escritor prudente
que ha de ser claro, fácil, numeroso

de sonido, y espíritu excelente.

Ha de ser figurado, y copioso
de sentencias, y libre de dicciones
que lo hagan humilde u escabroso.
La elevación de voces y oraciones

sublimes, muchas veces son viciosas
y enflaquecen la fuerza a las razones.
Vanse tras las palabras sonorosas
la hinchazón del verso, y la dulzura,
tras las sílabas llenas, y pomposas.

Entienden que está en esto la segura
felicidad y luz de la poesía
y que sin esto es lo demás horrura,
Si el verso consta solo de armonía
sonora, de razones levantadas,

ni fuerza a más, bien siguen esa vía.
Mas si las cosas han de ser tratadas
con puntual decoro del sujeto
faltaran, de ese modo gobernadas.
No explica bien el alma de un conceto

el que se va tras el galano estilo
a la dulzura del hablar sujeto.
Ni el que del vulgo sigue el común hilo
en término, y razones ordinarias
cual en su ditirámbica Grecilo.

Entrambas a dos cosas son contrarias
a la buena poesía, en careciendo
del medio, con las partes necesarias.

Caerá en el mismo yerro el que escribiendo
puramente en lenguaje castellano

se sale de él por escribir horrendo.
Cual ya dijo un poeta semi hispano
el centimano Gigans que vibraba,
que ni habló en romance, ni en romano.
Otro que de elevado se elevaba

dijo, el sonoro son y voz de Orfeo,
en mi espíritu interno modulaba.
Esta escabrosidad de estilo es feo,
sin ingenio, y sin arte, que es la llave
con que se abre el celestial museo.

Ha de ser el poeta dulce, y grave,
blando en significar sus sentimientos,
afectuoso en ellos, y suave.
Ha de ser de sublimes pensamientos,
vano, elegante, terso, generoso,

puro en la lengua, y propio en los acentos.
Ha de tener ingenio y ser copioso,
y este ingenio, con arte cultivallo,
que no será sin ella fructuoso.
Fruto dará, mas cual conviene dallo

no puede ser, que ingenio falto de arte
ha de faltar si quieren apretallo.
No se puede negar que no es la parte
más principal, y que sin arte vemos
lo que Naturaleza le reparte.

Y aunque es verdad que algunos conocemos
que con su ingenio solo han merecido
nombre, lugar común les concedemos.
Que el nombre de poeta no es debido
solo por hacer versos, ni el hacellos

dará más, que el hacello conocido.
Este renombre se le debe a aquellos
que con erudición, doctrina, y ciencia
les dan ornato que los hacen bellos.
Vístenlos de dulzura y elocuencia,

de varias y hermosas locuciones,
libres de la vulgar impertinencia.
Hablan por elegantes circuiciones,
usan de las figuras convenientes
que dan fuerza a exprimir sus intenciones.

Los poetas que fueren diligentes
observando la lengua en su pureza
formarán voces nuevas de otras gentes.
No a todos se concede esta grandeza
de formar voces, sino a aquel que tiene

excelente juicio, y agudeza.
Aquel que en los estudios se entretiene
y alcanza a discernir con su trabajo
lo que a la lengua es propio, y le conviene.
Cuál vocablo es común, y cuál es bajo,

cuál voz dulce, cuál áspera, cuál dura,

cuál camino es seguido, y cuál atajo:
Este tiene licencia en paz segura
de componer vocablos, y este puede
enriquecer la lengua culta y pura.

Finalmente, al que sabe, se concede
poder en esto osar, poner la mano,
y el que lo hace sin saber, excede.
Por este modo fue el sermón romano
enriquecido con las voces griegas,

y peregrinas, cual lo vemos llano.
Y si tú que lo ignoras, no te allegas
a seguir esto, y porque a ti te admira
lo menosprecias, y su efecto niegas,
lo propio dice el Sabio de Stagira

a quien Horacio imita doctamente
en dulce, numerosa y alta lira.
Si formaren dicción, es conveniente
que sea tal de la oración el resto
que autoridad le dé a la voz reciente.

No se descuide en la advertencia de esto,
y en cuáles son las letras con que suenan
bien, y con cuáles mal lo que es compuesto.
Vocablos propios muchos los condenan
por simples, mas las voces trasladadas

y ajenas, por dulcísimas resuenan.
Voces antiguas hacen sublimadas
con majestad y ser las oraciones,

si las palabras son bien inventadas.
La oración hacen grave las dicciones

inusitadas, y serás loado
si cuerdamente ordenas, y dispones.
Una cosa encomienda más cuidado
que en cualquiera sujeto que tratares
siga siempre el estilo comenzado.

Si fuera triste aquello que cantares
que las palabras muestren la tristeza
y los afectos digan los pesares.
Si de Amor celebrares la aspereza,
la impaciencia y furor de un ciego amante,

de la mujer la ira y la crueza:
este decoro has de llevar delante
sin mezclar en sus rabias congojosas
cosa que no sea de esto semejante.
Si de cosas tratares deleitosas

las razones es justo que lo sean;
si de fieras, sean fieras y espantosas.
Acomoda el estilo que en él vean
las cosas que tratares tan al vivo
que tu designo por verdad lo crean.

Pinta al Satúrneo Júpiter esquivo
contra el terrestre bando de Briareo
y al soberbio Jayán, en vano altivo.
Celosa a Juno, congojoso a Orfeo,
hermosa a Hebe, lastimada a Ino,

a Clito bello, y sin fe a Tereo.
No estará la virtud en su divino
trono entre el Ocio vil y Gula vana
por ser lugar a su deidad indino.
Ni la corona sacra de Ariadna

esmaltada de formas celestiales
estará bien ciñendo frente humana:
estas partes son todas principales
en el Arte, y si en ellas no se advierte
errarán en las cosas esenciales.

Y vendrá a sucederles de la suerte
que en la lira una cuerda destemplada
en disonancia las demás convierte.
En la salud del hombre deseada
una señal de muerte, en mil de vida,

basta para que muera y sea acabada.
Si la obra en que tienes consumida
con largo estudio, y con vigilia eterna
la mejor parte de tu edad florida;
si abstinente de Baco, y de la tierna

Venus, que los espíritus enciende
y las almas destempla, y desgobierna:
Si Apolo que te inspira, la defiende
si le faltó la parte de inventiva
de do el alma poética depende:

no puede ufana alzar la frente altiva

ni tú llamarte con soberbia Homero,
si le hace la fábula que viva.
De este yerro culparon al severo
Scalígero, y de esto anduvo falto

en su Arte Poética el primero.
Castigo fue que vino de lo alto
que él criticó al Obispo de Cremona
y a él le dan por la inventiva asalto.
Así el que aspira a la Febea corona

observe la Poética imitante
que es la vía a la cumbre de Helicona.
Parte, ni fuerza tiene tan bastante,
ni más vida, ni esencia, cuanto tiene
de fábula, que en ella es lo importante.

Después de saber esto le conviene
al pierio Poeta usar bien de ello
como no exceda al Arte, ni disuene.
De tal modo es forzoso disponello
que nadie inore, y sea a todos claro

sin que la oscuridad prive entendello.
Ha de ser nuevo en la invención y raro,
en la historia admirable, y prodigioso
en la fábula, y fácil el reparo.
Ningún precepto hace ser forzoso

el escribir verdad en la poesía,
mas tenido en algunos por vicioso.
La obra principal no es la que guía

solamente a tratar de aquella parte
que de decir verdad no se desvía.

Mas en saber fingilla de tal arte
que sea verosímil, y llegada
tan a razón, que de ella no se aparte.
Nicandro en su Triaca celebrada
dicen que no es poeta, y que Lucano

no lo fue en su Farsalia laureada.
Históricos los llama Quintiliano
porque tanto a la Historia se llegaron.
Poetas a Platón y Luciano.
Estos que en sus poesías se apartaron

de la inventiva son historiadores
y poetas aquellos que inventaron.
No se dan del Parnaso los honores
por solo hacer versos, aunque hagan
más que Favonio da a los Samios flores.

Cuando se alarguen más, y satisfagan
al común parecer, en careciendo
de intención, con poco honor les pagan.
Así, a los que este ingenio va encendiendo
son metrificadores, no poetas

cual fue Empédocles que lo fue siguiendo.
Di tú, que a la invención no te sujetas
y quieres que tu fama sea gloriosa,
¿sin ellas, cuáles obras hay perfetas?
Di, ¿cómo será especie de otra cosa

aquella que debajo no estuviere
de su género? o ¿cómo provechosa?
Cuando uno o más versos escribiere
dando poemas cada día diversos,
no es eso, lo que en esto se requiere.

Menos hace un poeta en hacer versos,
que en fingir, y fingiendo satisface,
y no fingiendo cuando sean más tersos.
Así, el que escribe al modo que le aplace
sin sujetarse a reglas ni precetos,

de estimación carece lo que hace.
Los versos de esta suerte más perfetos
son oro con alquimia, o sin quilates,
que valen, pero poco entre discretos.
No faltará quien llame disparates

esto que voy diciendo, no entendido,
ni tratado cual cumple que lo trates.
Y será tu razón, si en el oído
suenan bien, si la lengua es propia y pura,
alto el concepto, el verso bien medido.

Si de cualquier dicción, común o dura,
se aparta, y va esmaltado de sentencias
y pone a cada paso una figura.
Si en las imitaciones, y licencias
poéticas, se hace lo posible,

déjennos ya estas críticas sentencias.

No tengas lo que digo por terrible,
ni lo que tú respondes por seguro,
ni a solo tu concepto por creíble,
Cuando tú hables en lenguaje puro,

cuando sea tu canto levantado,
cuando huya el vulgar y frasis duro.
¿Qué piensas tú que importa ese cuidado
si en lo que imitas perfección no guardas,
hermosura en lenguaje, y verso ornado?

¿Qué piensas tú que importa, cuando ardas
el corazón, y el alma, alambicando
el cerebro, tras ver lo que no aguardas?
Si en esas obras que te vas cansando
ni enseñas, ni deleitas, que es oficio

de los que siguen los que vas mostrando:
luego, razón será imputarle a vicio
al que de esto se aparta en su poesía
aunque se sueñe a Febo el más propicio.
En otro yerro incurre el que confía

en adornar los versos de dicciones
graves, dulces, que hagan armonía.
Si por subir de punto las razones
usa vocablos altos aplicados
en tiempos diferentes, y ocasiones.

Si los que son del tierno Alemán usados
en la dulzura de la blanda lira,
en la trompa de Homero son cantados.

Ni bien con ellos cantarán la ira
de Marte, ni de Amor los sentimientos

si del curso debido se retira.
A cada estilo apliquen sus acentos
propios, a su propósito y decoro,
no solo tras la voz de los concentos.
Febo se agrada y su piério coro

que se use en la lírica terneza
el verso dulce, fácil y sonoro.
Y por el consiguiente a la grandeza
heroica, aplica los vocablos fieros
con que se signifique su fiereza.

Peregrinos vocablos, y extranjeros
sirven a su propósito, y mezclallos
permitido, es también con los íberos.
Mas deben con tal orden aplicallos
que su economía y su decoro sea

en el nuevo idioma trasladallos.
El que en este propósito desea
alabanza, guardando los precetos
junte al provecho aquello que recrea.
Y tome solamente los sujetos

a que su ingenio más se aficionare
sin que en ellos violente los efetos.
Vaya por donde el mismo le guiare
sin torcer, ni hacelle repugnancia
que imposible será si no acertare.

El ingenio da fuerza a la elegancia
es la fuente, y el alma a —la inventiva,
y sin él, todo hace disonancia.
Mas importa advertir, que cuando esquiva
un sujeto, que huyan de forzallo,

que de acertar, formándolo, se priva.
Cual acontece al marcial caballo
revolver rehusando la carrera
sin poder arte o fuerza gobernallo:
Mas si el diestro jinete considera

la causa oculta, y con mudalle el puesto
hace lo que al apremio no hiciera.
Claro tenemos el ejemplo de esto
en el que hizo el «Sueño» a la viuda,
y a Venus el jardín tan deshonesto.

Que siempre fue su Musa tosca y muda,
en no siendo lasciva y descompuesta,
y en siendo obscena, fácil fue y aguda.
Otra Musa siguió los pasos de ésta
y de su mala inclinación el uso

cual en sus torpes obras manifiesta;
que ninguna de muchas que compuso
de sujetos de ingenio y regalados
dejó de dar molestia y ser confuso;
y como fuesen versos aplicados

a pullas, que era el centro de su ingenio,

fue admirable y los versos extremados.
Yo conocí un poeta cuyo genio
se aplicó siempre a varios argumentos,
y en especial a los que el dato Ennio.

Astro no dio favor a sus intentos,
ni jamás hizo cosa en que no viesen
lánguidos versos, bajos pensamientos.
Y como sus amigos le advirtiesen
del bruto estilo, y zafia compostura,

y los propios escritos lo dijesen:
echó de ver que toda su escritura
era sin arte y llena de rudeza,
sin medida, ni buena contextura.
Que las cosas comunes sin alteza

en lugares sublimes colocaba,
y las sublimes las ponía en bajeza.
Que en los sagrados épicos usaba
conceptos ordinarios, ignorando
la majestad que en ellos demandaba.

Que nos les iba a sus escritos dando
hermosura con flores y figuras,
que en variedad los fuesen esmaltando.
Que las dicciones ásperas y duras
no supo corregir, y usando de ellas

las nuevas ofuscó y dañó las puras.
Sin alcanzar, después de no entendellas,
consistir la excelencia a la Poesía

en variedad de elocuciones bellas.
En esta congojosa fantasía

su triste y laso espíritu rendido
a mil perturbaciones le ofrecía.
Lleno de confusión, entristecido,
rompió el silencio, levantando al Cielo
la voz diciendo, de dolor movido:

¡Oh, tú, Deidad que el tenebroso velo
de la caliginosa sombra ahuyentas
con luz divina, esclareciendo el suelo!
¡Oh, tú que los espíritus alientas
y con tu influjo celestial inspiras

las que en tu solio y a tu lado asientas!
Y coronando de laurel sus liras,
su gloria haces cual la tuya eterna,
y hombres y orbes con su canto admiras.
Si el mío tu sacro espíritu gobierna,

si en mis escritos invoqué tu nombre,
y en la dulzura de mi Musa tierna:
dime, ¡ay de mí!, ¿por qué no hallo un
hombre,
ya que tú desdeñas de escucharme,
que en oyendo mis versos no se asombre?

¿Dejo de trabajar, y fatigarme
en el cómico y trágico argumento,
y en las sátiras libres desvelarme?
¿Dejo de hacer notorio el sentimiento

de mis ansias, en élegos llorosos,

y en líricos suaves mí tormento?
¿Dejo de celebrar héroes famosos
en verso heroico, a Marte consagrado,
y en épicos, oráculos gloriosos?
Si en esto, como sabes, he gastado

mi alegre juventud, y en alabanza
de dioses cien mil himnos he cantado,
¿por qué permites sin hacer mudanza
que en tan infame abatimiento vea
de mis largos trabajos la esperanza,

y que no hay sabio ni hay vulgar que lea
mis obras, que no vuelva el rostro dellas
el que más las alaba y lisonjea?
¿Es justo así que sufra escarnecellas?
¿Es justo así ver yo menospreciallas?

¿Es justo así que dejes tú ofendellas?
Si no es justo, y tú debes amparallas,
como deidad suprema y retor suyo,
acude, ¡oh, sacro Apolo!, a remediallas.
Acude a este sufragáneo tuyo,

acude, Apolo, a la infelice suerte
en que en tan triste deshonor concluyo.
Revélame algún arte con que acierte
a hacerme estimar y ser de aquellos
a quien tu aliento en otro ser convierte.

Ya pudiste sacar alguno dellos
de oficios viles de alquilada gente,
y preferir los cómicos más bellos.
Y de un sueño pudiste solamente
hacer poeta al que guardaba cabras

y que en tu coro junto a ti se asiente.
Estas no son quimeras, ni palabras;
cosas son pregonadas y sabidas
que en tus divinas oficinas labras.
Cosas son a ti Bolo concedidas,

y a quien ofrezco humilde y congojoso
estas húmidas lágrimas vertidas.
Esto diciendo, le juntó un sabroso
sueño los blancos párpados, quedando
a su dulzor rendido con reposo.

Y estuvo de esta suerte reposando
lo que la oscura sombra cubrió el mundo,
con Febo, según dijo, consultando.
Y resultó de allí, que en su profundo
sueño, le reveló el conocimiento

de aquello en que su ingenio era fecundo.
Sacudió el perezoso encogimiento
que tenía sus nervios impedidos
con la dulzura del nectáreo aliento.
Revolvió sus papeles conocidos

de tantos años, con afanes tantos
sustentados a fuerza y defendidos.

Y dijo, ya no quiero más quebrantos
en esta ceguedad, sirva el anillo
de Ciges que deshaga estos encantos.

El ingenio que supo mal regillo,
arrebatado de él, cautivo y ciego
por tantos disparates, di en seguillo;
ahora que a la sacra luz me llego
estas obras que hice sin seguilla,

contra mi natural, mueran en fuego.
Sin más hablar, ¡oh, extraña maravilla!
que un hombre así con su opinión casado
poder tan fácilmente reducilla:
Y cuanto tenía escrito y trabajado

por este parecer que eligió solo
sin dejar hoja, al fuego fue entregado.
Y por acuerdo, cual decía, de Apolo
siguió lo que en su ingenio le dictaba,
y lo demás que le dañó, dejólo.

Y de tal modo desde allí observaba
las leyes de su ingenio, que ninguna
por ocasión ni fuerza traspasaba.
conociendo contraria su fortuna
de lo que fue, huyó constantemente

cuanto el ingenio con hastío repugna.
Dio en hacer coplas de plebeya gente
sin majestad heroica ni artificio,
en que su natural era excelente.

A Séneca dejó el lloroso oficio

de la tragedia, a Plauto y a Cecilio
de la vulgar comedia el ejercicio.
Cantar las armas remitió a Virgilio,
al de Ascra de Dioses —y labores,
a quien dio Apolo celestial auxilio.

La lírica dulzura y los amores
a Horacio y a Tibulo, y al fogoso
Juvenal murmurar vicios y honores.
Y un argumento humilde, aunque gracioso,
eligió, que su ingenio lo dispuso,

en que excedió al más alto y generoso,
Libre del Caos que le traía confuso,
cantó, en heroico plectro la excelencia
de la Tarasca, con ingenio infuso.
Cantó su natural y descendencia,

el origen, la causa, el fundamento
de hacer en Sevilla su asistencia.
Por qué sale en tal fiesta y con qué intento
se le entregó a la gente que la tiene
a su cargo, y dó fue su alojamiento.

Esto vistió de cuanto en sí contiene
un heroico poema, sin faltalle
parte de cuantas observar conviene.
De aquí nació seguille, y estimalle,
y entre los más ilustres escritores

la Tarascana nombre eterno dalle.
Mereció conseguir estos honores
porque siguió su ingenio y dejó aquello
que fue ocasión de todos sus errores.
Cherillo mereció de no hacello

la poca estimación, y la memoria
que en tal abatimiento fue a ponello.
De la gloriosa Atenas la victoria
contra Jerjes cantó, de ingenio opreso
y cómo, opreso así, le dio la gloria.

Tenga el poeta en la memoria impreso
esto, y con este ejemplo no se aparte
de lo que tengo del ingenio expreso,
quél es la forma y la materia el Arte.

Epístola II

Con nueva voz y, espíritu divino
aspirado de vos, prosigo el canto
que de toda alabanza haréis dino.
Y entre las musas del Pierio santo
en igual armonía el nombre vuestro

la mía celebre, sin dudoso espanto.
Bien conozco cuán próspero y cuán diestro
tengo el cielo en teneros de mi parte
cual bien en mi empezada labor muestro.
Algunos quieren que llamemos Arte

esta que llamo epístola, y algunos
dicen que de estos títulos se aparte.
Poético Ejemplar me dicen unos
que se diga, y no sé cómo es posible
no ser tales renombres importunos.

Por ellos considero, y veo visible
vibrar la horrible lanza al pecho mío
que a Lycambe la muerte dio terrible,
y no por eso han de hallar vacío
en que sus vanos silogismos puedan

caber, ni su insolente desvarío.
Que cuando a mi trabajo se concedan
la gloria que los sabios le conceden;
los que dejan de serlo, no lo vedan.
Ni puedes más del modo que proceden,

que tocar en la haz con sucias heces,
mientras los tiempos desta suerte rueden.
Y en cuanto que los rígidos jueces
llenos de austeridad, y oscuro estilo
de la Parca letal toman las veces.

Y aunque Minerva labre el sutil hilo
y sea labor de su divina mano
lo profanan y entregan a su filo.
Yo que con vuestro aliento surco ufano
el proceloso mar de su fiereza

donde es inútil el remedio humano.
Acudo a que me ayude la grandeza
de vuestra excelsitud, para que cante
de nuestro español verso la belleza.
De nuestro español verso el elegante

método, el armonía y la dulzura
a la griega y latina semejante.
En qué verá el que sabe de escritura
ser capaz de admitir cuántos sujetos
ofrece la poética lectura.

Y los que fueren doctos y discretos
halláranse en las coplas castellanas
aptas para explicar altos concetos.
En noble antigüedad en las grecianas
liras se halla, en el trocaico verso

que es el nuestro, y lo propio en las romanas.

Esto es notorio en todo el universo,
esto dicen los sabios escritores
y esto hace y conoce el más adverso.
Esto vemos cantar de los mayores

que su número y sílabas guardaron,
cual hizo Anacreón y otros autores.
Los poetas modernos le aplicaron
la consonancia propia que tenía
en la lengua vulgar que le hallaron.

Deste género vemos cada día
algunas coplas hechas en Italia,
faltas de su donaire y gallardía.
Que a sola España concedió Castalia
por natural, cantar en su idioma

liras de Marte y fuegos de Acidalia.
Y el que en el suyo fuera deste toma
trabajo de escribir, es propiamente
corneja, que ni es cuervo ni paloma.
A imitación del lacio diligente

nuestros números sacros resonaron
en la gálica lira en voz ardiente.
De amor los blandos juegos celebraron
con más feliz espíritu que fueron
los italos y más se levantaron.

Mas en la perfección en que pusieron
nuestros mayores esta compostura
a todas las naciones prefirieron.

En ninguna se halla la dulzura
que en la nuestra, la gracia y la terneza,

la elegancia, el donaire y hermosura.
Si aplicallo quisieres a la alteza
heroica, cual ya hizo Juan de Mena,
bien lo puedes fiar de su grandeza.
Si a pasiones de amor, si a llanto y pena,

con Garci-Sánchez puedes conformarte
cuya musa de gloria el mundo llena.
Si a fábulas quisieres aplicarte,
a cartas, epitafios y otras cosas,
Don Diego en él nos ha enseñado el arte.

Baltasar del Alcázar en graciosas
epigramas lo usó, y el numeroso
Burguillos en sus dulces y altas glosas.
El singular en gracia, el ingenioso
Lope de Rueda, el cómico tablado

hizo ilustre con él, y deleitoso.
El gran Pedro Mejía, el extremado
Juan Iranzo, en las justas de los santos
en que fue el uno y otro laureado.
En este verso celebraron tantos

cuántos vemos en santas alabanzas
que en las suyas resuenan hoy los cantos.
Y si la fatal suerte en sus mudanzas,
ínclito Duque, el vuelo refrenara
dejándonos lograr las esperanzas;

y vuestro fébeo padre se lograra
a la tebana y a la lesbia lira,
con la dulzura dél aventajara.
Mas a pesar de su implacable ira
vivirá en nuestra bética ribera

Fernando en cuanto el Sol los orbes gira.
Nuestros antiguos de la edad primera
celebraron en él sus inmortales
proezas, sin que el nombre dellas muera.
Si estos versos acaban en vocales,

son más dulces, más tersos y elegantes
y apartándose de ellas no son tales.
Si dar quisieres a los consonantes
voces agudas, puedes, conociendo
los lugares y causas importantes.

Siempre es forzoso en ellos ir diciendo
nuevas cosas, y nunca se consiente
palabra ociosa el número supliendo.
La copla será buena puramente
que en agudeza acabe o en sentencia,

y la que no, por buena no se cuente.
No son de menos gloria y excelencia
los antiguos romances, donde vemos
en el número igual correspondencia.
La antigüedad y propiedad tenemos

de nuestra lengua en ellos conservada

y por ellos lo antiguo conocemos.
Cantar en ellos fue costumbre usada
de los godos, los hechos gloriosos,
y dellos fue en nosotros trasladada.

Las rapsodias que usaron los famosos
griegos, fueron sin duda de esta suerte
y los areitos índicos llorosos.
Con ellos se libraban de la muerte
y la injuria del tiempo sus hazañas

y vivía el varón loable y fuerte.
Dellos los heredaron las Españas
casi en el mismo tiempo que cantaban
los regujíos en todas las montañas.
La misma ley que guardan hoy guardaban

los antiguos, usar los disonantes,
y esto con gran veneración usaban.
Por viciosos tenían los consonantes,
y más si eran agudas las dicciones
y por buenas las voces más distantes.

Fueron siempre estas dos composiciones
tenidas en España en grande estima
hasta que entraron nuevas invenciones.
Llamo nuevas, que el número a la rima
del grave endecasílabo, primero

floreció, que en el Lacio, en nuestro clima.
El provenzal antiguo, el sacro ibero
en este propio número cantaron,

antes que dél hiciese el Arno, impero.
El Dante y el Petrarca lo ilustraron

y otros autores y esto les debemos,
a ellos que de nosotros lo tomaron.
La justa posesión que dél tenemos
que a la musa de Tajo y catalana
se atribuye, tampoco la apliquemos.

Primero fue el marqués de Santillana
quien le restituyó de su destierro
y sonetos dio en lengua castellana.
He querido aclarar el ciego yerro
en que viven aquellos que ignorando

esto, siguen la contra yerro a yerro.
El que en ellos escribe irá notando
la variedad de suertes que hay en ellos
que van sujetos varios demandando.
Mas tienes de advertir en el hacellos

que tengan once sílabas y mires
la contextura que los hace bellos.
Y que siempre te guardes y retires
que en agudo no acabes el acento
Porque la una sílaba no tires.

Boscán dijo sin más conocimiento:
«aquella reina que en la mar nació»,
Y uso deste troncado abatimiento.
Y Garcilaso dijo y no advirtió:
«Amor, Amor, un hábito vestí»,

y don Diego en mil versos los usó.
Lo mismo ahora habrá de ser de mí
que citando los versos que dijeron
incurro en los que siempre aborrecí.
Al verso que cortaron, e hicieron

los agudos el número diverso
de nueva otra advertencia le añadieron.
Que para ser cabal, ornado y terso
no hiera en la penúltima, y al hiere
hará de doce sílabas el verso.

De Lasso por ejemplo se refiere:
«El río le daba dello gran noticia»,
en que alargar el número se infiere.
«De mi muerte y tu olvido la noticia»
dijo el conde de Gelves, y Malara

«Donde de mis desdichas no hay noticia».
Si, con esto tu ingenio se prepara
no te aconsejo que al cerebro apliques
cosa de cuantas la memoria aclara.
Deja los preparados alfeñiques

la alquermes cordial, las cornerinas;
no te acuerdes de jugos, ni alambiques.
No estragues la virtud con medicinas
y dietas, ni tomes de ordinario
eleboro, anacardo y mastiquinas.

Que no hará el jugoso letuario

que hagas buenos versos, sino el Arte,
que es la perfecta hierba y herbolario.
Como della tu escrito no se aparte
y te guíe el ingenio llanamente,

puedes entre estas musas ocuparte
El verso suelto pide diligente
cuidado en el ornato y compostura,
en que vicio ninguno se consiente.
Porque como la ley estrecha y dura

del consonante no le obliga o fuerza
con ningún atamiento, ni textura,
la elegancia y cultura en él es fuerza
que supla la sonora consonancia
con que el verso se ilustra y se refuerza.

Y así hará enfadosa disonancia
si aquella parte principal no llenan
de admiración, o cosas de importancia.
A cualquier verso lánguido condenan,
flaco, o infelice en número o estilo,

y del nombre de verso lo enajenan.
Siempre deben huir del común hilo,
desviarse de bajos pensamientos,
seguir la alteza y majestad de Escuilo.
Aplícanlos a heroicos argumentos

cual hacen al hexámetro latino,
no a tiernos y a llorosos sentimientos.
Esto rió el sofístico Aretino

en su pungiente epístola a Trebacio,
que una elegía hizo en ellos al de Urbino.

Donde se pone a disputar despacio
a quién, a dónde y cómo han de aplicarse
en que llenó un burlesco cartapacio.
No se pueden valer ni aprovecharse
de licencias poéticas, ni absuelven

vicios de impropiedad para excusarse.
Pobres son de conceptos los que envuelven
muchas historias, fábulas, sentencias,
y en esto sus intentos se resuelven.
Llama pobreza, y llama impertinencias

amontonar gran copia de figuras,
aunque digan en ellas excelencias.
Andan los que esto hacen tan a oscuras
como aplicar los élegos llorosos
fuera de Venus, a discordias duras.

Son yerros tan impropios y viciosos
como vestir de púrpura a los ríos
y los reyes de cárbasos muscosos.
A éstos siguen otros desvaríos
que en vana ostentación hacen su asiento

de que Dios guarde los intentos míos.
Que es mostrar general conocimiento
de antigüedad, y cosas improbables
llevando la lección por fundamento.
Advierte, que el ser raras y agradables

al oído, si son dificultosas
y escondidas, no pueden ser loables.
Después de ser cansadas y enfadosas
del modo que has oído, son pesadas,
confusas, sin provecho y enojosas.

Todas son cosas libres y excusadas
en el noble escritor, y dignamente
de los buenos ingenios condenadas.
Sigue en esto el decoro de prudente
y no estimes en tanto que te alaben

cuanto que el sabio junto a sí te asiente.
Esto sienten aquellos que bien saben,
y esto saben aquellos que bien sienten,
en quien Minerva y las virtudes caben.
Muchas cosas permiten y consienten

las licencias poéticas, y veo
muchas que no sé yo se exenten,
Y si no fuera licencioso y feo,
ajenos yerros pregonar, yo diera
más ejemplos que rayos da Cirreo.

Y por ventura algunos advirtiera
que el vulgo estima y loa la ignorancia
que alguna obstinación se redujera.
Esto hace al sujeto repugnancia,
y se ve más culpable en tratar dello

que en dejallo, aunque es justo y de importancia.
Lo que escribes importa disponello
que al tiempo, ni al lugar, id a la persona
falte el decoro ni al lenguaje bello.
Cuando en vulgar de España se razona

no mezcles verso extraño, como Lasso:
«Non essermi passato oltra la gonna».
Otro afligido en un lloroso paso
dijo sus desventuras lamentando:
«Debrían de la pietá romper un sasso»

Don Guillén de Casaus a don Fernando
en muerte de doña Ángela su esposa
«In tristo humor vogli occhi consumando».
Cualquiera cosa destas es viciosa
no la debe usar el que no quiero

padecer la censura rigurosa.
El que verso elegíaco escribiere
debe considerar que la grandeza
trágica, ni la cómica, requiere.
Siga un medio entre ambas, que en la alteza

de estilo a la tragedia no se iguale
ni a la comedia imite en la llaneza.
Quien de estas dos proposiciones sale
hace que mude en género de efecto,
y los quilates no le da que vale.

En su lloroso y lamentable afecto

en sentimientos tristes y aflicciones,
en miserias de amor, en llanto, aprieto,
en quejas y afligidas narraciones,
en congojosas iras y gemidos

se aplican en las trágicas acciones.
En las comedias pueden ser oídos
entre el celo rabioso y la mudanza
de la astuta ramera a sus rendidos.
En alegres favores de privanza,

en fríos desdenes, en astucias viles
de siervo, o en afectos de venganza.
Sin que trates de Alcestes ni de Aquiles
en el sublime estilo, ni lo abatas
a Sosia, o Davo, en condición serviles.

Las voces deste verso han de ser gratas
al oído, no duras ni afectadas
ni ajenas de la elegía de que tratas.
Han de ser las elegías lastimadas,
blandas, tiernas, suaves, tersas, claras,

sin ser de historia o fábula ofuscadas.
Si por descuido en esto no reparas
no le das a la elegía lo que debes
y le quitas el ser, y tú disparas.
Y pues tratamos della, porque lleves

más entera noticia y puedas dalla
no así, cual piensan, con razones leves.
Has de saber que en la elegía se halla

que abraza el verso lírico, y el blando
epigrama, do puedes procuralla.

Mas advierte que yéndola buscando
hallarás conocida diferencia,
aunque a la una y otra esté abrazando.
De su esplendor consiste la excelencia
en la estrechez del consonante asido

a la tercera rima en asistencia.
El decoro guardando que has oído
hará florida, ilustre y agradable
la elegía, y a tu nombre esclarecido.
Dejando ya el estilo lamentable

al misivo la pluma enderecemos
que no es menos difícil que loable.
Y lo primero que advertir debemos
que la epístola abunda de argumentos
varios, donde ampliamente la ocupemos.

Sirve para amorosos sentimientos
casi como la elegía, si levanta
más el estilo, voz y pensamiento.
Cosas en ella de placer se canta,
sucesos en viajes dilatados

y a varias digresiones se adelanta.
Son a chacota y mofas dedicados
los versos della y pueden si agradare
ser en mordientes sátiras usados.
Ha de tener quien della se encargare

fácil disposición, copiosa vena,
ingenio que ni inore ni repare.
De imitaciones vaya siempre llena
puestas en su lugar precisamente,
que de otra suerte es tanto que disuena.

Dicen si van en parte diferente
que son puertas sacadas de su quicio
que ni adornan, ni sirven a la gente.
Pocos advierten de excusar un vicio
cometido de muchos escritores

que se alzan con todo este ejercicio.
Y sin que se censuren son censores
de fáciles descuidos y usan ellos
epítetos y frasis de oradores.
De quien se dice, y bien, que el no entende-
llos

hace esa miscelánea, y no es tan leve
que haya dispensación para absolvellos.
El propio nombre inoro que se debe
al que el que ajenas obras conocidas
de otros autores aplicarse atreve.

Y con dos o tres sílabas movidas,
y una dicción de su lugar trocada
las da en su nombre para ser leídas.
El que esto hace, y no repara en nada
y de ajenos trabajos se aprovecha

hace lo que la esponja en agua echada;
que tomada en la mano, si se estrecha
da el humor propio que tenía cogido
sin dar cosa, aunque da, de su cosecha.
Al que de oficio tiene estar rendido

a hurtar el concepto, o pensamiento,
o el verso ya del otro referido,
le sucede de modo que al hambriento
que come lo contrario y lo dañoso
a su salud, aunque le dé contento.

Que en comiéndolo queda muy gustoso
saboreando el gusto al apetito,
sin entender que hay más que aquel reposo.
Así, el que hurta del ajeno escrito,
aunque luego le agrada y le recrea,

le ofende al noble honor tan vil delito.
Hace que el vulgo libremente vea
su cortedad de ingenio, y manifieste
por suya aquella obscenidad tan fea.
Y justamente hace que le cueste

las plumas que le quiten y la fama,
sin que remedio a reparalle preste.
Dios libre a mis amigos desta llama,
y a los demás a gracia reducidos
vayan por donde la razón los llama.

Tres modos hay por donde son regidos
los que en ajenas obras ponen mano

y son con fuertes leyes compelidos.
Unos imitan del sermón romano,
otros hurtan, y otros puramente

traducen de otra lengua en castellano.
La imitación en tiempo conveniente
es lícita, y licencia permitida
al ingenio más alto y excelente.
Si es de idioma ajeno deducida

en el nuestro, o imitándola en concreto,
o siendo a su propósito vestida.
Puede el más docto y puede el más discreto
en sus obras usar de imitaciones,
entre sabios tenidas por preceto.

Del hurtar, sin que usemos de razones
que de nuevo lo aclaren, están claras
del uso dél las bajas condiciones.
Y si tú, que lo sigues y lo amparas
con adoptiva musa, que alimenta

la vana ostentación con que la aclaras,
mira que ese furor icario intenta
en ese vuelo tu mortal ruina
y abatimiento, en vez de honrosa cuenta.
Es el modo tercero la divina

traducción, tan difícil cuan gloriosa
al que observa el decoro a su doctrina.
Su ley es inviolable, y religiosa,
tratada con lealtad y verdad pura,

que ni pueden quitar ni añadir cosa.

Una excepción mitiga esta ley dura
que obliga al que traduce, aunque se aparte
de la letra, siguiendo su escritura,
a conservar y aun mejorar con arte
la grandeza, primor y la excelencia,

original, sin ofender la parte.
También se le concede por licencia
que no se obligue a voz ni a consonancia,
sino al conecto, al número y sentencia.
Al espíritu, frases y elegancia

y propiedad de lengua, levantando
el estilo en las partes de importancia.
Desto los arquetipos desgustando
promulgan una ley precisa y justa
al imitante con rigor mandando:

que si Leusin de imitaciones gusta
no adjudique por suyo lo imitado,
pues no dispensa tal la ley augusta.
Y danles mandamiento rubricado
de Apolo, a Colindón, y a Magancino,

poéticos malsines del juzgado,
que vayan cada cual por su camino,
y al que no les hiciere manifiesto:
ejecuten la ley del descamino.
Mudando ya deste discurso puesto,

vuelvo al final propósito que sigo
temiendo en tantas burlas ser molesto.
Y entre las cosas de importancia digo
que use el poeta cándidas razones
si acepto quiere ser, y a Febo amigo,

que el concurso de hórridas dicciones
huya, y evite encuentro de vocales
que sonar hacen mal las oraciones.
Los poetas que aspiran a inmortales
condenan el echar a un sustantivo

tres adjetivos, aunque sean iguales.
Cual el que dijo, en un dolor esquivo:
«Amor cruel, indómito, tirano,
por quien en muerte acerba y cruda vivo».
Otro dijo: mi mal ha hecho ufano

«la dulce, alegre y fresca primavera,
con hoja, flor y fruto soberano».
Otro dijo: «¡Ay, Amor, qué hay en tu esfera
sulfúreo ardiente, horrible, eterno fuego
donde mis ansias crecen sin que muera!».

Al censor de estos términos me llego,
y así se lo aconsejo a cualquier hombre,
y si fuere mi amigo se lo ruego,
que de ellos huya, y que también se asombre
como de ver fantasmas, por vicioso,

el gerundio poner jamás por nombre.
No faltará un sofista curioso

que desentrañe a Servio y a Donato
y diga que el gerundio es poderoso
a levantar el verso, y darle ornato,

y que lo hace grave, concluyendo
que sin razón lo infamo y lo maltrato.
Y habrá mil apoetados que leyendo
esto dirán que son triviales cosas
y que las pueden enseñar durmiendo.

Que tienen mil autores y mil glosas
de donde las tomé y queriendo vello
no verán maravillas milagrosas.
Que dellos sabrán esto sin sabello,
y que dellos dirán en sus corrillos

que dellos puede Apolo, desprendello,
que dellos inflamando los carrillos
los llenarán cual Bóreas de aire vano
que al Pindo aun sea difícil resistillos.
Y a la cordura dándole de mano

darán voces diciendo ciegamente:
«Cuanto ha dicho está escrito en castellano.
Ya sabemos el río desta fuente
que es donde el cisne se baño de Apolo
con que se fertiliza su corriente».

Al que supiere le respondo solo
por solo responder, no respondiendo
a los que Esgueva hacen a Pactolo.
Y estoy de su metáfora riendo

digna por cierto del nativo tronco

que va musas y grajas revolviendo.
Y aplican a este coro un cisne ronco
sin ver que la dulzura de su canto
es graznar en estilo zafio y bronco.
Si me atrevo a hablar y hablo tanto,

es porque los poetísimos entiendan
que no es para aquí cisne tan maganto.
Y si sus ojos con estambre vendan,
que es a lo jumental, conozcan desto
que otros métodos hay de donde aprendan.

De los primeros tiene Horacio el puesto
en números y estilo soberano
cual en su Arte al mundo es manifiesto.
Scalígero hace el paso llano
con general enseñamiento y guía;

lo mismo el docto Cintio y Biperano.
Maranta es ejemplar de la poesía,
Vida el norte, Pontano el ornamento,
la luz Minturno, cual el Sol del día.
Estos, y otros con divino aliento,

enseñen lo que el cisne no ha cantado
ni le pudo pasar por pensamiento.
Y habiendo de esto tanta copia dado
que llenar pueden dello mil Parnasos
y a Febo laurear con lo enseñado,

Acuden todos a colmar sus vasos
al océano sacro de Stagira
donde se afirman los dudosos pasos,
se eterniza la trompa y tierna lira.

Epístola III

Voces me da el temor de mi osadía
que remita tan célebre sujeto
al autor sacro de la luz del día.
Tiéneme en esto la razón sujeto
con los ejemplos que me trae delante

que testimonio dan de mi defecto.
Que no fue tanto el amador constante
oponerse al stigio y duro encuentro
y enternecer el muro de diamante:
ni entrar Alcides al tartáreo centro,

ligar el can, quitar de la cadena
el amigo, que opreso tenían dentro;
cuánto mi Musa de temores llena
emprender cosa que el poder humano
repugna, y el divino le condena.

Mas este miedo vergonzoso allano,
gran Señor, con teneros de mi parte
y el premio espero conseguir ufano.
Y en los versos que ahora ofrece el Arte
del cómico, y bucólico, y el claro

trágico, igual al épico de Marte.
Con tan felice y tan seguro amparo
bien puedo proseguir, sin que me impida,
el cobarde temor del vulgo avaro.
Es precepto por ley establecida

que hable pura, casta y propiamente
el poeta, y en lengua conocida.
Que no mezcle vocablo diferente
con mudar letras, o añadir dicciones,
sino cual pide el Arte, y, se consiente.

Sea griego, o latino, o de naciones
bárbaras, aplicado y bien dispuesto
es usado de célebres varones.
Mas no se entiende que ha de ser compuesto
de esclavón y germano, y mixturado

de aquella suerte en otra lengua puesto.
Esto, del modo que ha de ser usado
con la decencia y culto que conviene
en otra parte queda ya tratado.
Y en esta digo es justo se condene

el que corrompe voces naturales
cual hizo Aldricio así escribiendo a Irene:
«Eres oficinaria de mis males,
indómita, cruel, lisonginosa,
de corruscantes ojos penetrales.»

Otro dijo en un ansía congojosa:
«Ay me, que por estar alonjinada
manipulando estoy mi faz llorosa.»
Otro al de Gelves, «en la fuerte espada
excedes al más ínclito herostano»,

de Heros, ved si hay voz tan mal formada.

De suerte, que hablando en castellano
si de extranjera voz se aprovecharen
no huyendo lo impuro es ser profano.
A los que desta el paso desviaren

van caminando a ser reprehendidos.
y a despeñarse cuando bien se amparen.
De dos archipoetas conocidos
una murmuración oí a un poeta
porque usaban vocablos escondidos.

Sclopetum llamaban la escopeta,
estapeda decían al estribo,
famélica curante a la dieta.
Al maldiciente le decían cancivo,
a la casa común de la vil gente

público alojamiento del festivo.
Carnes prívium, llamaban comúnmente
a las carnestolendas, y así usaban
de aquesta afectación impertinente.
A los propios vi un día que negaban

la diferencia en todos los sujetos
y unas voces al alto y bajo daban.
Al épico y al cómico en concetos
hacían iguales, y reían negando
el arte, y despreciaban los precetos.

Cual el vulgar sacrílego inorando,
con brutez, de las armas la destreza
y su infalible afecto no alcanzando,

aplica el buen suceso a la presteza,
o a la determinada confianza,

negando del precepto la certeza.
de modo, que por esta semejanza
al fuerte Sayas se opondrá Segura
y el vulgar diestro al único Carranza.
Esto es ajeno todo de cordura

sin proporción, ni buen conocimiento
hacer tan ciega y bárbara mixtura.
Y si no me llevara el pensamiento
arrebatado a empresa de más gloria
no dejara indeciso este argumento.

Mas volviendo al discurso y la memoria
de las composiciones, se me ofrece
la que ilustra la fábula y la historia.
Esta es la rima octava en quien florece
la heroica alteza y épica excelencia,

y en dulzura a la lírica engrandece.
Hácense con alguna diferencia
respondiendo las voces terminadas
con variación distinta en su cadencia.
Mas en poema, aquellas son usadas

en que el Bocacio su Teseida canta
de quien primero fueron inventadas.
En variar sujetos se adelanta
a cuantas composturas hoy tenemos,
y en estilo se abaja, o se levanta.

No desdeña que en cuentos la apliquemos
ni en comedias en largas narraciones,
ni en las tragedias tristes della usemos.
En glorias amorosas, en pasiones,
en burlas, veras, mofas, risa, llanto,

elogios, epitafios, descripciones:
a todo se acomoda, y en su canto
parece bien, guardando propiamente
el decoro, que en ella importa tanto.
Dureza de dicciones no consiente

ni letras que le causen aspereza
ni del verso detengan la corriente.
Pide soltura, y quiere la presteza
en el decir, sin que le ocupe cosa;
hermosura en los versos y pureza.

No guarda ley en acabar forzosa,
cuando quiere, y del modo que le agrada,
puede con facultad licenciosa.
Esta licencia no será otorgada
al soneto, que es lícito y no puede

alterar de su cuenta limitada.
Y cuando en esto alguna vez excede,
y aumenta versos, es en el burlesco,
que en otros, ni aun burlando se concede.
Esto usó con donaire truhanesco

el Bernia, y por su ejemplo ha sido usado

este épodo, o cola, que aborrezco.
Solo en aquel sujeto es otorgado,
mas en soneto grave, o amoroso,
por sacrílego insulto es detestado.

Tiénese de tratar con generoso
espíritu, y huir que en él se hallo
dicción humilde, ni vocablo ocioso.
Con armonía tienes de adornalle,
en las rimas con gracia y hermosura,

toda pureza y, elegancia dalle.
Huir de toda oscuridad procura,
y de escribir de modo diferente
que se habla, y hablar en lengua puro.
Usar licencia en él no se consiente

ni cosa alguna que al oír ofenda,
ni, a los números sea desconveniente.
Entre algunos poetas hay contienda
sobre si el verso puede o no cortarse,
y hay quien nos diga en contra y quien de-
fienda.

Y tantos pareceres oigo darse,
con tanta variedad, y diferencia,
que hay duda a cuál huir, o a cuál llegarse.
Y tengo por vulgar impertinencia
no hacello, y hacello con exceso

condenaré, si vale mi sentencia.
Así, el que se desvela y trata en eso

y del Ruscelli observa los precetos,
que sobre el caso escribe un gran proceso:
Guardando la excelencia a los sonetos,

el debido candor, y exornaciones
a la disposición de los concetos:
no se ate a seguir observaciones
que el uso, y natural le irán mostrando,
y de doctos escritos las lecciones.

Desta incisión por ley van condenando
al que en el primer verso en los cuarteles
o en los tercetos della fuere usando.
Y condénanlo a penas tan crueles
que como a heresiarca lo relajan

los acroes del señor de los laureles.
Por este modo en la unión se encajan
y del influjo apolíneo se envisten
y al néctar dulce con acíbar cuajan.

Huyen los que este inepto coro asisten.
siguen los que en el ménalo dichoso
en paz sabrosa la ambición resisten.
Donde puedes quieto, y con reposo
consonar con las musas blandamente
y con Apolo el verso numeroso.

Y lo que el ciego Dipsas no consiente
con rudeza, o crueldad, será admitido
del que es menos severo y más prudente.
No estés del temor desto enflaquecido,

ni a tu lira le niegues la sonora

canción, de afecto y ánimo encendido.
Canta la causa en ella, y causadora
de la ardiente pasión del ciego amante
que el desdén ama, y la crueza adora.
En estilo sublime y elegante,

en oración pulida y castigada
numerosa, y de espíritu constante;
limpia, eficaz, y en voces regalada
cual de Píndaro fue y del Lesbio Alceo,
esta poesía mélica cantada.

Y si quieres que llegue tu deseo
adonde aspira, que es a la dulzura
del número, en que tantas fuerzas veo,
la suavidad le viene y la blandura
de nunca o, pocas veces las vocales

colidir, o juntar en su textura.
Donde en número casi son iguales
las vocales y graves consonantes,
dulces serán los versos y cabales.
Landísima es la L y cuando cantes

dulzuras, usa della, y dale asiento
que a las semivocales la adelantes.
De la R usarás cuando el violento
euro contrasta al boreas poderoso
con hórrido furor su movimiento.

La S al blando sueño y al sabroso
sosiego has de aplicar, y desta suerte
guarda el decoro a las demás cuidoso.
Y sobre todas una cosa advierte
que con tal armonía se concierte;

que el concurso de sílabas que usares
que en sus colocaciones y lugares,
regalen y deleiten los oídos,
que es propio de poetas singulares.
Estos advertimientos entendidos

en la ilustre canción prosigue, y mira
que la adornes de afectos encendidos.
De toda aquella novedad que admira
gracia, elegancia, lenidad, blandura
y voces que consuenen en la lira.

Con advertencia singular procura
que siempre levantada sea en concetos,
siempre agradable, y siempre con dulzura.
Usa en ella de muchos epítetos
que al verso dan dulzura, y hermosean,

y por ellos se expresan los afetos.
Los versos que los ánimos recrean
altos, y de la plebe desviados
les hace la perífrasis que sean.
Con ella son magníficos, y ornados

de jocunda belleza y lozanía,
cual deben ser en la canción usados.

Acomódase siempre esta poesía
a variedad de números, y extiende
a todos argumentos su armonía.

Divídese en estancias, y el que entiende
la gravedad de su cultura bella
con lasamiento ni durez la ofende.
Obligan al que hubiere de hacella
que veinte versos tenga cada estanza

no más, y nueve los menores della.
En esta ley ha habido tal mudanza
que de cinco hasta veinte las tenemos,
y una del conde a veinte y tres alcanza.
Dicen que de alabanza carecemos

si una canción hacemos a un sujeto
y más de quince estanzas le ponemos.
Contra este ruscélico preceto
don Pedro de Guzmán hizo al Olvido
una canción, y traspasó el decreto.

Sin ser dél, ni sus leyes compelido
el culto Cangas hizo en tres canciones
la descripción de Pafo y la de Gnido.
Célebre fue y loada de varones
la del ingenioso y docto Sayas,

sin sujetarse a lacias opiniones.
Así, lector, cuando estos pasos vayas
no tengas miedo, que si haces esto
desmerezcas el lauro con sus vayas,

debes anteponer a lo propuesto

la variación de números que hacen
venusto este poema, y bien dispuesto.
En la estanza primera como aplacen
al gusto, o al oído en la textura
las rimas, de aquel modo las enlacen.

Mas ha de ser, que en esta ligadura
mudar no puedan consonancia della,
que es detestable objeto de censura.
De versos cortos tienes de hacella
con los endecasílabos mezclados

que he de ser dulce la hacen alta y bella.
Faltará a la canción do son usados
los cortos, o los largos, solamente
quien oídos le dé desocupados.
Canción de versos cortos, no consiente

majestad en estilo, porque aspira
a la dulzura de ellos conveniente.
Para las consonancias de la lira
es la de endecasílabos austera
poco agradable, y della se retira.

Así deben tejerse de manera
que la dulzura temple la aspereza
y consuene la dulce con la fiera.
Quieren también que gocen desta alteza
la sextina, y el nombre le conceden

de canción, igualándola en pureza.
Dar a una estanza solamente pueden
seis versos, con las voces diferentes,
que sin ninguna trabazón proceden.
Son al fin de los versos convenientes

dos sílabas, de nombres sustantivos
y aquí los verbos son impertinentes.
Conceptos altos, pensamientos vivos.
Voces puras, sonoras, regaladas
demandan, con ilustres adjetivos.

Las consonancias dellas van trabadas
sexta y primera, quinta con segunda
cuarta y tercera, sin que sean trocadas.
Aquella será ilustre y más jocunda
que variare más, y más dijere,

Y de terneza, y más concepto abunda.
Si doblar las estanzas te pluguiere
de seis en doce, no te dan licencia
que mudes voz ninguna que tuviere.
Es ley, que no la exenta preeminencia,

encerrar en tres versos solamente
a los seis consonantes sin violencia.
Esto advirtiendo el docto, y el prudente,
Y el que menos noticia tiene dello
hará lo que es forzoso y conveniente.

Bien sé que habrá quien diga sin sabello,
después de habello visto que lo sabe

mejor que yo he sabido disponello.
Y que el aéreo síndico en quien cabe
la eolia toda en su porosa testa

haya por do lo escrito no se alabe.
Pudiera darle al síndico respuesta,
y al nosequé del coro patriarchesco,
que tanto haber un título le cuesta.
Y preguntar si es término burlesco

entre sacras deidades colocarse
y a sus lados pintarse al óleo y fresco.
Si es decoro decente figurarse
en sus ideas, profanas, por divinos,
y a divinos querer aventajarse.

Si es de espíritus puros o malinos
desanimar los justos y los sabios
con sus calificados desatinos.
Si es de sabios llamar a todos Babios;
y al más glorioso y de mayor estima

siempre en su ofensa calentar los labios.
Betis se injuria desto y se lastima
Híspalis, y ofendida pide al cielo
los tales lance en la volcánea sima.
¿Qué irritación es ésta? o ¿cuándo suelo

declarar tales vicios, ni ofenderme
de lo que es plaga general del suelo?
Aquí, de mi razón pienso valerme
que contra maceadores censurantes

sola y desnuda puede defenderme.

Si en lengua pura, y versos elegantes.
numerosos, corrientes, tersos, puros,
ligados con forzosos consonantes;
sin sujetarme los preceptos duros
del Arte, mis preceptos acomodo

no por cansados términos, ni oscuros;
y en ello tengo dicho en nuevo modo
lo que al posible mío fue posible,
que no en todo se puede decir todo;
¿por qué de Vulgio la infestión horrible

ha de empavorecer mi pensamiento
ni retraerme de él su voz risible?
Vaya adelante mi honoroso intento
y al son ahora de la agreste Musa
cantemos el bucólico argumento.

Cantemos en el verso que rehúsa
la alteza urbana a Ménalo agradable
que la zampoña y voz pastoral usa.
Del dios de Arcadia siempre fue loable
la fístula y los árcades famosos

por ella, y su alabanza perdurable.
Usáronla en sus cantos amorosos,
en sus luchas y juegos pastorales
entre bosques, y árboles frondosos.
En ella fue, y en verso humilde a Pales

la custodia encargada del ganado
de los partos, contagios y otros males.
En este verso no ha de ser cantado
el horrible Creonte, o crudo Atreo,
ni sujeto de Marte, o Jove airado.

Cantarán los pastores su deseo
a su rústico Pan o a Fauno antigo
sin salirse de Ménalo, o Liceo;
del fértil pasto, o del seguro abrigo,
del tiempo alegre, o desabrido invierno,

del cierzo odioso, o de favonio amigo.
Esto ha de ser en verso humilde y tierno.
que al sujeto sea clara semejanza,
sin voz que deje el pastoral gobierno.
Aquel será más digno de alabanza

que la silvestre musa ejercitare
entre redes, apriscos y labranza.
Y si al dardo y sabueso la aplicare
o al fugitivo amor de la escondida
ninfa, y por él los montes lastimare,

con justa estimación será leída
la égloga, que destos argumentos
en ríos, prados, selvas fuere oída.
Y aunque se aplique a varios pensamientos
porque admite sujetos diferentes

el amatorio es fin de sus intentos.
El blanco adonde tiran las más gentes

es éste, y los antiguos que lo usaron
lo dieron por ejemplo a los presentes.
Entre las cosas que guardar mandaron

son, que hable el pastor con los pastores
en aquello que solo ejercitaron.
De la caza si fueren cazadores;
si pescador, de nasas y garlitos;
si labrador, del campo y sus labores.

No han de ser sus rencores infinitos
ni sus pasiones con violento daño,
ni amor adulterado de apetitos.
En sus rabiosos celos no haya engaño
que administre venganza ni crueza,

ni suceso que cuenten por extraño.
Lo que trataren todo sea llaneza,
con propiedad conforme al ejercicio
guardando en él la erótica pureza.
Tiénese en una égloga por vicio

que una persona vaya, y otra venga,
aunque administren diferente oficio.
Tres personas no más quieren que tenga,
y éstas, que sin moverse de un asiento
digan aquello que a su fin convenga.

No quieren que se encuentre en argumento
una con otra, y esto estrechan tanto,
que dicen que ni en voz, ni en pensamiento.
La que en una persona en gozo o llanto

concluye su argumento, es más gustosa,

y la de dos, en diferente canto.
Quieren también que sea ley forzosa
que no pase de diez el que hiciere
églogas, y no sé el que dio en tal cosa.
Y si un auto de Apolo no exhibiere

al eglógrafo absuelvo, porque inoro
en qué delito incurra el que excediere.
Esto es lo del otro cita o moro,
que promulgó la bárbara herejía
contra España, que ilustra el cintio coro,

diciendo que no estaba la poesía,
del Pirineo acá, bien entendida,
sin dar otra razón que su osadía.
Quedara esta ignorancia establecida
entre la gente, ajena de cordura;

de envidia, y odio, y deslealtad regida.
Si Apolo que su propio honor procura
en nuestra dota España no tuviera
trasladado su espíritu y dulzura.
Esto diga del Tajo la ribera

fertilizado con el sacro Lasso,
cual del céfiro alegre primavera.
O el mantuano Dauro que el Parnaso
con abundante vena de oro riega,
y al Tebro y Arno les impide el paso.

Y tú ¡oh, fecundo Betis!, cuya vega
enriqueció la sacra musa albana
que a los confines celestiales llega.
Sed aquí el testimonio al que profana
la española deidad, pues a la vuestra

no se puede negar que es soberana.
Y si no fuere a mi deseo siniestra
la inevitable suerte, y me dejare
gozar el aura de la vida nuestra;
haré que el pensamiento desampare

la oscura Pafo, y siga el claro Delo
por do la amada Erato lo llevare;
y con voz libre del común recelo
que se oirá ribombar en Elicona
subiré, España, tu alabanza al cielo.

Y a despecho del bando que pregona
cosa tan desviada de lo cierto,
te ornará Febo y te honrará Belona.
Y primero del orden y concierto
faltarán los efectos naturales,

y en dar su luz Apolo será incierto.
Pacerán juntos peces y animales
por los montes, las aves y serpientes
en perpetua amistad serán iguales.
Que el nombre tuyo y letras excelentes

borre la envidia, ni la sacra fama
deje de celebrar de gente en gentes.

Si de ti la bucólica se ama,
y quieres hacer églogas, conviene
otra nueva advertencia que te llama.

Gran parte de ella de su ser contiene
del común uso y trato la desvías.
y el origen te enseña de do viene.
Compónense de odas y elegías;
de coros de tragedias, y de algunas

partes líricas, y otras poesías.
Si destas soledades te importunas,
y ya huyendo quieres desviarte
de las montañas, prados y lagunas,
dellas, si gustas, quiero acompañarte,

al cómico teatro, adonde veas
la fábula ingeniosa recitarte.
Dirás que ni la quieres ni deseas.
que no son las comedias que hacemos
con las que te entretienes y recreas.

Que ni a Ennio ni a Plauto conocemos,
ni seguimos su modo ni artificio.
ni de Nevio ni Accio lo hacemos.
Que es en nosotros un perpetuo vicio
jamás en ellas observar las leyes

ni en persona, ni en tiempo, ni en oficio
Que en cualquier popular comedia hay reyes,
y entre los reyes el sayal grosero
con la misma igualdad que entre los bueyes.

A mí me culpan de que fui el primero

que reyes y deidades di al tablado
de las comedias traspasando el fuero.
Que el un acto de cinco le he quitado,
que reducí los actos en jornadas,
cual vemos que es en nuestro tiempo usado.

Si no te da cansancio y desagradas
desto, oye cuál es el fundamento
de ser las leyes cómicas usadas.
Y no atribuyas este mudamiento
a que faltó en España ingenio y sabios

que prosiguieran el antiguo intento.
Mas siendo dinos de mojar los labios
en el sacro licor aganipeo,
que enturbian Mevios y corrompen Babios;
huyendo aquella edad del viejo ascreo

que al cielo dio y al mundo mil deidades
fantaseadas de él, y de Morfeo;
introdujimos otras novedades,
de los antiguos alterando el uso,
conformes a este tiempo y calidades.

Salimos de aquel término confuso
de aquel caos indigesto, a que obligaba
el primero que en plática las puso.
Huimos la observancia que forzaba
a tratar tantas cosas diferentes

en término de un día que se daba.
Ya fueron a estas leyes obedientes
los sevillanos cómicos, Guevara,
Gutierre de Cetina, Cozar, Fuentes.
El ingenioso Ortiz, y aquella rara

musa, de nuestro astrífero Mejía,
y del Menandro, bético Malara.
Otros muchos que en esta estrecha vía
obedeciendo el uso antiguo fueron
en dar luz a la cómica poesía.

Y aunque alcanzaron tanto, no excedieron
de las leyes antiguas que hallaron
ni aun en una figura se atrevieron.
Entiéndese que entonces no mudaron
cosa de aquella ancianidad primera

en que los griegos la comedia usaron.
O por ser más tratable o menos fiera
la gente, de más gusto o mejor trato,
de más sinceridad que en nuestra era;
que la fábula fuese sin ornato,

sin artificio, y corta de argumento,
no la escuchaban con desdén ingrato.
El pueblo recibía muy contento
tres personas no más en el tablado
y a las dos solas explicar su intento.

Un gabán, un pellico y un cayado;
un padre, una pastora, un mozo bobo,

un siervo astuto y un leal criado.
Era lo que se usaba, sin que el robo
de la espartana reina conociesen

ni más que el prado ameno, el sauce o pobo.
Tuvo fin esto, y como siempre fuesen
los ingenios creciendo y mejorando
las artes, y las cosas se entendiesen,
fueron las de aquel tiempo desechando,

eligiendo las propias y decentes
que fuesen más al nuestro conformando.
Esta mudanza fue de hombres prudentes
aplicando a las nuevas condiciones
nuevas cosas que son las convenientes.

Considera las varias opiniones,
los tiempos, las costumbres que nos hacen
mudar y variar operaciones.
Estas cosas no sé si te desplacen
por ser contra tu gasto su extrañeza

aunque en probable ejemplo satisfacen,
Oyelas con el ánimo y pureza
que se te ofrecen, que razones justas
con la verdad se templa su aspereza.
Si del sujeto comenzando gustas

y a él se inclina tu afición dichosa
y con el mío el modo tuyo ajustas,
confesarás que fue cansada cosa
cualquier comedia de la edad pasada,

menos trabada y menos ingeniosa

Señala tú la más aventajada
y no perdones griegos ni latinos
y verás sí es razón la mía fundada.
No trato yo de sus autores dinos
de perpetua alabanza que estos fueron

estimados con títulos divinos.
No trato de las cosas que dijeron
tan fecundas, y llenas de excelencia
que a la mortal graveza prefirieron.
Del arte, del ingenio, de la ciencia

en que abundaron con felice copia
no trato, pues lo dice la experiencia.
Mas la invención, la gracia y traza es propia
a la ingeniosa fábula de España,
no cual dicen los émulos impropia.

Cenas y actos suple la maraña
tan intrincada, y la soltura della,
inimitable de ninguna extraña.
Es la más abundante y la más bella
en facetos enredos y en jocosas

burlas, que darle igual es ofendella.
En sucesos de historia son famosas,
en monásticas vidas excelentes,
en afectos de amor maravillosas.
Finalmente los sabios, y prudentes

dan a nuestras comedias la excelencia
en artificio y pasos diferentes.
Esto sabido, importa la advertencia
del modo que han de ser, y a que te obliga
el decoro que enseña la experiencia.

Y para que bien logres tu fatiga
el argumento que siguieres sea
nuevo, y que nadie en su vulgar lo diga.
Decir lo que otro dijo es cosa fea
en el propio idioma, aunque se aparte,

si deja rastro o luz por do se vea.
Con extrañeza en todo has de mostrarte
admirable, vistiendo las figuras
conforme al tiempo, a la edad y al arte.
Al viejo avaro, envuelto en desventuras.

al mancebo, rabiando de celosa,
al juglar decir mofas y locuras.
Al siervo sin lealtad, y cauteloso,
a la dama amorosa o desabrida,
ya con semblante alegre, ya espantoso.

A la tercera astuta y atrevida,
al lisonjero envuelto en novedades,
y al rufián dar cédulas de vida.
Los efectos aplica a las edades,
si no es que dando algún ejemplo quieras

trocar la edad, oficio y calidades.
Entre las cosas que prometen veras

no introduzcas donaires, aunque dellos
se agrade el pueblo, si otro premio esperas.
Los versos han de ser sueltos y bellos

en lengua y propiedad, siempre apartados
que en la trágica alteza puedan vellos.
Si te agradare pueden ser llegados
al satírico estilo, en que tuvieron
por principio los cómicos osados.

Guarda el decoro que jamás perdieron
en dar conforme al caso que tratares
el estilo, y el verso, cual hicieron.
Si a rey, legado alguno le enviares
diferencia el estilo al ordinario,

que es vicio si a los dos los igualares.
No debes ser en esto voluntario
sino mirallo bien, porque es defeto,
y en la comedia nuestra necesario.
Cuando hagas comedia, ve sujeto

al arte, y no al autor que la recita,
no pueda el interés más que el sujeto.
Con el cuidado que es posible evita
que no sea siempre el fin de casamiento
ni muerte si es comedia se permita.

Porque debes tener conocimiento
que es la comedia un poema activo,
risueño, y hecho para dar contento.
No se debe turbar con caso esquivo

aunque el principio sea rencilloso,

el fin sea alegre sin temor nocivo.
La comedia es retrato del gracioso
y risueño Demócrito, y figura
la tragedia de Eráclito lloroso.
Tuvo imperio esta alegre compostura

hasta que Tifis levantó el estilo
a la grandeza trágica y dulzura.
Siguió en nueva invención el propio hilo
añadiéndole ornatos, y enseñando
a los farsantes, el discreto Esquilo.

Desterró el uso prisco mejorando
las personas, haciéndolas honestas,
y a no representar satirizando.
Y no parando su invención en éstas,
sobre el teatro puso las acciones,

haciéndolas al pueblo manifiestas.
En efecto enseñó a doctos varones
el hacer y saber representallas,
testando las antiguas opiniones.
De aquella suerte la tragedia hallas

en que las hizo su inventor primero
aunque algunos osaron mejorallas.
No traspasando el inviolable fuero
de los actos, y cenas, y el decoro
de las personas, y el suceso fiero.

Sófocles añadió el lloroso coro,
lamentando desdichas miserables,
entre reales púrpuras y oro.
Fueron en aquel tiempo así agradables,
mas en el nuestro en todo se ha mudado

si no es en los sucesos espantables.
El maestro Malara fue loado
porque en alguna cosa alteró el uso
antiguo, con el nuestro conformado.
En el teatro mil tragedias puso

con que dó nueva luz a la rudeza
della apartando el término confuso.
Aplica al verso trágico la alteza
épica, y dale lírica dulzura
con afectos suaves, sin dureza.

Con epítetos adornar procura
tus versos, que al poeta hermosean,
y al orador ofenden la escritura.
En la tragedia alguna vez afean
los sucesos contados de otra suerte

dando ocasión que la verdad no crean,
Y si en este precepto no se advierte
la Historia en que se funda la tragedia
se ofusca, y, de lo cierto se divierte.
De fábula procede la comedia

y en ella es invención licenciosa
cual vemos en Naharro y en Heredia.

El cómico no puede usar de cosa
de que el trágico usó, ni un solo un nombre
poner, y ésta fue ley la más forzosa.

Si quieres que se estime, y que se nombre
tu musa, y que a las musas dignamente
te hagan de mortal, inmortal hombre;
hállete el vulgo siempre diferente
en lenguaje, pues hablan los poetas

en otra lengua que la ruda gente.
Procura que tus obras, sean secretas
antes que las divulgues, si no quieres
que sean a nuevo poseedor sujetas.
Si por la vía hercúlea acaso fueres,

ten cuenta en una grata que hay en ella
do Ciso baila a Baco y danza a Ceres.
Del círculo oriental la forma bella
jamás aquí fue vista la presencia
ni de su extremidad pudieron vella.

Con otra luz traída con la ciencia
de un fantástico y nuevo Prometeo
sienten de Apolo menos el ausencia.
Aquí la lira celestial de Orfeo,
en menosprecio, con Vulchin consuena;

Mulcio es Píndaro aquí; Agas, Museo.
Está de voces disonantes llena
del poeta Cleón siciliano,
que de torpezas ambos orbas llena.

Agido, el que cantó en sermón greciano

al macedonio príncipe la horrible
idolatría, con discurso vano,
es quien preside aquí, con el terrible
y detestable Momo y Zoilo injusto,
émulos de visible y de invisible.

De aquí digo que huigas, si tu gusto
no es querer peligrar, probando el daño
que no reserva al escritor de Augusto.
Si te parece que es consejo extraño,
mira el efecto bien, y verás cierto

que ni te lisonjeo, ni te engaño.
Ni cosa ajena de verdad te advierto.

Libros a la carta

A la carta es un servicio especializado para
empresas,
librerías,
bibliotecas,
editoriales
y centros de enseñanza;
y permite confeccionar libros que, por su formato y concepción, sirven a los propósitos más específicos de estas instituciones.

Las empresas nos encargan ediciones personalizadas para marketing editorial o para regalos institucionales. Y los interesados solicitan, a título personal, ediciones antiguas, o no disponibles en el mercado; y las acompañan con notas y comentarios críticos.

Las ediciones tienen como apoyo un libro de estilo con todo tipo de referencias sobre los criterios de tratamiento tipográfico aplicados a nuestros libros que puede ser consultado en Linkgua-ediciones.com.

Linkgua edita por encargo diferentes versiones de una misma obra con distintos tratamientos ortotipográficos (actualizaciones de carácter divulgativo de un clásico, o versiones estrictamente fieles a la edición original de referencia).

Este servicio de ediciones a la carta le permitirá, si usted se dedica a la enseñanza, tener una forma de hacer pública su interpretación de un texto y, sobre una versión digitalizada «base», usted podrá introducir interpretaciones del texto fuente. Es un tópico que los profesores denuncien en clase los desmanes de una edición, o vayan comentando errores de interpretación de un texto y esta es una solución útil a esa necesidad del mundo académico.

Asimismo publicamos de manera sistemática, en un mismo catálogo, tesis doctorales y actas de congresos académicos, que son distribuidas a través de nuestra Web.

El servicio de «libros a la carta» funciona de dos formas.

1. Tenemos un fondo de libros digitalizados que usted puede personalizar en tiradas de al menos cinco ejemplares. Estas personalizaciones pueden ser de todo tipo: añadir notas de clase para uso de un grupo de estudiantes, introducir logos corporativos para uso con fines de marketing empresarial, etc. etc.

2. Buscamos libros descatalogados de otras editoriales y los reeditamos en tiradas cortas a petición de un cliente.

www.ingramcontent.com/pod-product-compliance
Lightning Source LLC
Chambersburg PA
CBHW020759130626
46554CB00006B/2272